NEIM FOTSO

LA RELATION AFFECTIVE SERAIT-ELLE AU FONDEMENT DE L'ÉCHEC SCOLAIRE CHEZ LES JEUNES ?

ISBN : 978-9956-9999-4-1

La relation affective serait-elle au fondement de l'échec scolaire chez les jeunes ?

Editions Tig
Téléphone: 00237 693 553 904
E-mail : tig.editions@gmail.com

Dédicace

A toi **KOMGEM KASSANDRA SAMIA DJAMEN** pour ta bravoure scolaire et la profonde estime que tu as pour moi. Que du bonheur pour toi ma précieuse.

Du même auteur

- ***Dans les parvis du cœur***, Editions TIG, 2021

Introduction

L'insuccès de nos jours dans les établissements scolaires croît d'une manière exponentielle surtout quand l'élève a déjà franchi la quinzaine en terme d'âge. Celui ou celle qui, autrefois était brillant(e), commence à faire preuve de médiocrité, d'insuffisance, voir même de faiblesse. Ceci étant, l'élève serait alors entré en contact avec des agents extérieurs ou bien celui ou celle-ci se serait embourbé dans une relation qui, non seulement phagocyte son intelligence, mais aussi absorbe tout le temps nécessaire à l'application de l'essentielle qui est d'étudier. **La relation affective est précisément un lien sentimental, profond et menaçant qui existe entre deux ou plusieurs personnes,** dire d'elle qu'elle est au fondement de l'échec scolaire revient à dire que son action sur l'élève n'est pas bienfaitrice, au contraire elle est plutôt aliénante à tous les niveaux. Dans les établissements scolaires, cette relation se fait à deux niveaux : horizontal et vertical. Le premier concerne les élèves entre eux et le second, les enseignants et les élèves. Quelque soit le niveau, la relation se montre inhibitrice des forces intellectuelles puisqu'elle est toujours échafaudée par le « full sexe »[1] absorbant ainsi les protagonistes et *ipso facto*[2], met en péril la réussite académique. Dès lors, notre préoccupation majeure est d'évaluer l'enjeu de la relation affective dans le domaine académique. Alors, si tant est que la relation affective est absorbante et fait plus appel aux sentiments, aux affects, aux passions, aux humeurs et à l'émotion, contrairement aux études qui exigent de la recherche permanente, de la rigueur, et de

[1] C'est une expression anglaise qui signifie le « plein sexe », c'est-à-dire le l'utilisation à outrance et démesuré du sexe au non de l'amour qui est même encore boiteuse.

[2] Par le fait même

l'ataraxie, ne serait-elle pas un véritable opium en milieu scolaire ? Si oui, quelles sont les moyens de s'affranchir de ce promoteur par excellence de l'insuccès ? La réponse à ces questions nous impose un détour par les impulsions fondatrices de la relation affective en milieu scolaire, et son impact sur l'élève.

I

Aux sources de la relation affective chez les jeunes.

Il serait question pour nous ici de fouiller et d'exposer au grand jour ce qui est à la base de la relation affective, mieux ce qui justifie ce fléau qui d'une manière ou d'une autre, impact négativement sur le souffle académique de nos jeunes contemporains. À voir de plus près, ces causes sont légions ; nous pouvons entre autre citer : *La pression des pulsions naturelles et non-domestication, la mauvaise éducation et le manque d'affection familiale, le suivisme irréfléchi, les réseaux sociaux et la paraisse.*

1- La pression des pulsions naturelles et sa non-domestication.

Ceci se présente un tout petit peu comme une cause naturelle qui veut de l'enfant qu'à un certain moment de sa jeunesse, éprouve un sentiment extraordinaire de nature atypique. Il est naturel puisque l'enfant ne le crée pas, ne le souhaite même pas, il s'offre à lui, l'environne, se manifeste en lui et est aussi au-dessus de lui. Nous appelons ce moment communément « période de puberté ». Même sans le vouloir, il y'a en ce moment au fond du jeune comme un ordre qui émane de ce que Freud [3] a appelé dans la psychanalyse le « ça » c'est-à-dire le siège des plaisirs et des

---

[3] De son vrai nom Sigmund Feud (6 mai 1846, 23 septembre 1939), il est u neurologue autrichien fondateur de la psychanalyse. Il pense que la conscience ne constitue pas la forme fondamentale du psychisme humain. Pour lui, notre psychisme est essentiellement contrôlé par l'inconscient. Puis il élabore une théorie qui nous donne un aperçu de notre psychisme. Cette élaboration de la théorie freudienne de l'appareil psychique se fait en deux temps. La première reposait essentiellement sur la division du psychisme : conscient et inconscient. La deuxième sur la présentation des trois instances de l'appareil psychique à savoir : le **ça**, le **Moi** et le **Surmoi**.

Le « **ça** » est constitué des forces pulsionnelles les plus primitives provenant du corps et constituant l'être humain. Le « ça » est régi par le principe du plaisir dont il faut chercher la satisfaction immédiate par tous les moyens.

Le **Moi** est en relation avec le monde extérieure. Il est l'intermédiaire entre le ça et la réalité. Il a pour fonction l'adaptation de l'individu à son environnement, il gère l'accomplissement des pulsions en les proposants dans le monde extérieur des objets de satisfactions.

Le **Surmoi** est l'intériorité porteuse d'interdit, elle possède aussi une dimension positive et protectrice. Il est indispensable au bon développement de l'individu.

désirs qui exigent une satisfaction hic et nunc. Puisque ces ordres du « ça » sont légions et récurrentes, le jeune veut bien s'en affranchir mais il ne parvient pas, puisqu'il est incapable de contrôler le flux. D'ailleurs pour le philosophe neurologue autrichien « *le moi n'est pas maître dans sa propre maison* », donc quelques fois, ces injonctions du « ça » peuvent échapper au contrôle du sujet-jeune et le conduire par conséquent à la satisfaction ; ce faisant, il tombe dans la relation affective et surtout précoce dans le but de maintenir son équilibre pulsionnel pour ne pas subir un défoulement exagéré. Sauf qu'en ce moment il y'a éclipse de la raison et par ricochet, soumission aux injonctions du « Grande Autre » [4] pour parler comme jacques Lacan. Ce faisant tout change, et le plus pire c'est le changement

---

[4] Selon Jacques Lacan, Le « Grand Autre » n'est rien d'autre que l'inconscient en général, sa particularité c'est qu'il ne parle pas, c'est le « ça » qui parle de lui et c'est par le « ça » qu'il s'appréhende.

vestimentaire. La jeune fille commence à s'habiller de sorte à s'emballer le moins possible, en laissant au dehors certaines parties de son corps qu'elle ignore qu'elles relèvent aussi de son intimité. Elle veut déjà plaire, séduire et attirer, d'où le commencement de son malheur.

Nous le voyons, la relation affective peut avoir une cause naturelle, relative à la croissance corporelle du jeune et qui survient indépendamment de lui.

2- L'échec parental et le manque d'affection familiale

A en croire le dictionnaire Larousse, la famille est *un ensemble de personne unies par un lien de parenté ou d'alliance,* mieux, *c'est un ensemble formé du père de la mère et des enfants*[5].

5 https://www.larousse.fr/dictionnaires/francais/famille/ 32798

Elle est encore la cellule de base, cela suppose qu'elle est a priori l'instance capable d'enseigner à l'enfant et/ou au jeune aujourd'hui, la conduite à tenir dans la société, elle-même transformatrice et dérouteuse d'après Jean jacques Rousseau quand il dit *l'homme naît bon, c'est la société qui le corrompt*[6]. Nous voulons savoir : en quoi la famille, parce qu'elle a manqué d'éducation et/ou d'affection à l'endroit du jeune constitue une cause de la relation affective ?

Remarquons d'abord que dans de nombreuses familles aujourd'hui, y compris celles avec des parents enseignants, beaucoup de sujets sont

---

[6] Dans *Discours sur l'origine des inégalités parmi les hommes*, Rousseau développe une longue métaphore sur l'état de nature c'est-à-dire l'état pré-civilisationnel. Il décrit cette période de l'humanité comme étant la plus heureuse. Les parents devraient alors travailler à maintenir cette bonté en le jeune pour qu'une fois en contact avec la société qu'il soit suffisamment armé.

encore tabou c'est-à-dire qui ne sont pas permis d'aborder et par conséquent ne ferons jamais l'objet d'une discussion sérieuse et fructueuse tel que la *sexualité*[7]. Plus pire, quelque fois le jeune n'est pas pris au sérieux, il n'est pas en confiance, il est en marge des valeurs supposées être transmises par les parents bref, il n'est pas affectionné autrement dit, il ne se sent pas suffisamment aimé par ses parents. Il aura donc un comportement d'emprunt, en même, le cadre familiale lui sera ennuyeux, pourtant, y étant, il devait se sentir aimé (affectionné), éduqué et avoir même un minimum financier, puisque l'éducation,

---

[7] La sexualité est un terme abstraite très général qui englobe plusieurs phénomènes de la reproduction biologique des organismes, les comportements sexuels permettant la reproduction. Malheureusement, mal conçu, le sexe devient une fontaine ontologique intarissable de plaisir qui faut profiter au maximum. Ceci devrait motiver les parents à s'y pencher longuement pour question de renseigner l'enfant à suffisance sur cet élément du corps et ne pas laisser que celui-ci découvre par lui-même ce qui peut être fatale.

l'affection et l'argent constituent le nécessaire pour l'enfant. Il va alors chercher à combler ce manque d'amour, d'affection et d'argent à tout prix et même parfois à tous les prix. Pourtant le jeune dans sa période puberté devrait, plus que jamais, avoir la compagnie affective, éducationnelle et financière de ses parents ; sinon il sera poussé, puisqu'il a besoin de se sentir aimer, à se jeter dans une relation affective et bonjour les conséquences.

Quoi qu'il en soit, la famille ou le cadre familiale est d'emblée le lieu d'épanouissement du jeune mais, à voir de plus près, elle constitue aussi l'une des impulsions fondatrices de la relation affective chez son jeune membre, en même temps membre d'une église et de la société. Cette dernière fait impérativement appel à « l'autre » c'est-à-dire autrui ou celui avec qui on forme ladite société et que l'on est aussi quelques fois tenté d'imiter, le prenant ainsi pour parangon axiologique.

3- le suivisme irréfléchi comme tremplin à la relation affective.

Le suivisme est une tendance à suivre en toutes circonstances, les idées, les modes, les mœurs, le langage du milieu dans lequel on vit ou du groupe dans lequel on appartient. Autrement dit, c'est le fait de plagier les faits et gestes des personnes qui nous entourent. Ce conformisme s'avère dangereux en ce sens que le jeune imite quelques fois un *pseudo-model*[8] qui fait ses preuves dans la dépravation et n'incarne aucune valeur axiologique. Ces types de model son malheureusement bien écouté parce qu'ils ont un mode de vie atypique, une manière de se vêtir qui déborde largement le domaine de l'ordinaire et

[8] On parle de pseudo-model quand il s'agit d'un faux model, mieux encore d'un modèle qui n'est pas digne d'être imité ou suivi, un modèle qui n'a que de mauvais souvenir dans son passé et que sa condition actuelle n'est que la conséquence fatale.

des faits et gestes qui ont un élan matérialiste.

Puisqu'il est plus facile d'imiter le mauvais exemple, nos jeunes parfois venant des familles financièrement à genoux se lancent alors à la suite de ces types de personnes. Ceci étant, ils vont chercher à calquer leur le model des mauvaises personne en balayant du revêt de la main les bonnes ; or ce rythme de vie aliénante impose un minimum de moyen. Le jeune serait alors prêt à tout pour s'établir dans sa nouvelle posture de personne aux valeurs d'emprunt. Cela pourra finalement lui couter un échec scolaire ; puisque tout le temps consacré au développement de nouvelles stratégies étaient celui qui pouvait lui servir d'étude.

La société actuelle se montre comme une sorte de tremplin pour le suivisme irréfléchi ceci parce qu'elle est une société divisé, dépourvue de norme, chacun pouvant faire où il veut, ce qu'il veut, quand il veut et comme il veut. C'est une société qui fait fi du respect de l'autre, bref une société dans laquelle il y'a une normalisation de l'anormale. Nous n'avons qu'à nous pencher un temps soit peut sur le « *dit* » de nos musiques contemporaines qui sont en grande partie centrées sur le sexe, la banalisation de la norme, nous en voulons pour preuve les expressions telles que « *tu veux faire la morale à qui ? Tu es mon père ? », « je parle ma chose tu te met à rire, tu ris ta mère », « Mon amis je dis hein ! Tu ne vois pas les filles ?»,* Ceci avec la bénédiction des réseaux sociaux qui servent de courroie de transmission.

4- les réseaux sociaux comme lieu de rencontre et d'échange favorisant la relation affective et catalyseur de la médiocrité orthographique.

Quant on parle de réseaux sociaux, il s'agit précisément d'un ensemble d'individu ou des organisations, reliés par des liens virtuels et qui interagissent entre eux. Aujourd'hui les réseaux sociaux sont un piège pour nos jeunes en ce sens qu'ils sont comme une poubelle à plusieurs ramifications où chacun de sa caverne peut y déverser tout, sans contrôle, d'une manière irréfléchi et sans vergogne. Cette tendance à tout déposer fait des réseaux sociaux la meilleur distraction juste parce qu'on peut tout y retrouver. Nos jeunes s'y lancent sans un esprit de discernement, et en internaute naïf, favorisant ainsi les conversations exagérées et inutiles, des appels vidéos compromettants, des échanges de blagues au goût amère, n'en parlons pas des films à caractères pornographiques ; tout ceci au détriment des études.

Bien plus, les réseaux sociaux entretiennent l'individualisme [9] qui est l'ennemie farouche des études. En ce sens que chacun, derrière son téléphone androïde [10] se replie sur lui-même au point où il devient plus proche de celui qui est à l'outre-mer que de ceux qui sont autour de lui ; plus proche des ami(e)s invisibles que de ceux visibles qui peuvent lui être d'un secours pour la compréhension de tel ou tel cours.

L'individualisme étant synonyme d'égoïsme, le jeune pris dans les filets des réseaux sociaux est en même temps en panne de valeur ou en crise de vertu. Ceci se justifie par le fait que seul dans son coin et étant à Facebook ou à WhatsApp, il rentre à « l'état de nature »

---

[9] C'est une doctrine qui place l'individu au-dessus de tout. Ceci va de pair avec le repli sur soi, excluant directement l'autre en tant que celui avec qui on peut partager les connaissances.

[10] Encore appelé robot humanoïde C'est-à-dire construit à l'image d'un être humain. Bref c'est un téléphone à figure humaine, qui réfléchit, agit et parle.

surtout au sens hobbesien du terme ; c'est-à-dire qu'il devient plus sauvage parce qu'il n'a pas l'influence d'autrui. Il est en ce moment devenu relayeur d'informations qui, à la fin le conditionnent avec les phrases telles que : « *envoi ce message à 10 personnes et tu verras le miracle dans ta vie* », « *dis je t'aime à 5 personnes et quelques chose de bon t'arrivera* » ceci pour gagner la paternité aux yeux de ceux qui ne l'ont pas encore eu. Et quand bien même il faut écrire un message, nos jeunes utilisent le système SMS[11] qui est aussi un catalyseur de médiocrité orthographique, malheureusement ils sont très créatifs dans ce sens. Comme exemple de SMS nous avons. « cc ? » pour dire « c'est comment ? », « *u v1 oday* ? » comme pour dire « *tu viens*

[11] SMS signifie « short message system » plus précisément un système d'écriture de message qui consiste à réduire les mots autant que possible tout en gardant le contenu du message. Ce système est très récurent dans notre ère où tout est question de temps.

aujourd'hui ? », il y'a alors tout un tohu-bohu langagière, et quand vient le moment de rédiger une dissertation, tout deviens compliqué et bonjour le jardin de faute. Voila précisément d'une manière ramassée comment les réseaux sociaux gangrène la couche jeune qui est pourtant la richesse de notre pays, de notre Eglise et même de nos familles. Face à cet état des choses, une question devient très préoccupante celle de savoir : quelles sont les moyens, mieux, comment faire pour que nos jeunes s'affranchissent de ces promoteurs par excellence de l'insuccès et se mettent sur la voie de la préparation certaine d'un avenir radieux ?

II

Le contrecoup de la relation affective chez les jeunes à 3 niveaux.

Se jeter dans une relation affective et surtout précoce ne va pas sans conséquence parce qu'elle est de nature absorbante et aliénante. Pour un jeune qui s'y lance aveuglement et précocement, le retour fatal est perceptible au moins à trois niveaux : d'abord au niveau du parcours académique du jeune, puis dans sa vie conjugale future et enfin sur lui-même en tant que créature en quête de liberté.

1- Le parcours académique du jeune à la merci de la relation affective

C'est le point le plus visible en situation de relation affective. Le jeune étant naturellement scolarisé doit faire de sa relation, même d'une manière inconsciente la priorité parce qu'il y tire de la pseudo-joie, du pseudo-amour, de l'accompagnement qu'il croit meilleure pour lui, de l'aide apparemment simple mais fondamentalement conditionné. Le conjoint étant malin, cible des aspects nouveaux et le lui offre pour maintenir la relation et se tenir captif l'un de l'autre noyant ainsi leurs études et freinant ipso facto[12] leur parcours académique.

Il faut le dire, et c'est discutable, l'école est jalouse et capricieuse. Cela suppose qu'elle n'aime pas être pris ensemble avec quoi que ce se soit qui sort du cadre des études. Par contre, elle aime qu'on lui accorde du temps, qu'on lui en consacre suffisamment pour qu'elle s'offre à nous. Or un jeune prit dans les filets de la relation affective qu'elle soit horizontale c'est-à-dire entre deux élèves ou verticale c'est-à-dire entre l'élève et un enseignant, ne peut donc pas avoir ce temps nécessaire pour allouer aux études d'où sa mise à la merci. Et même l'enseignant de l'autre coté sera plutôt préoccupé à trouver des nouvelles tactiques de flatterie pour dompter sa proie.

[12] Par le fait même

Tout compte fait, la relation affective phagocyte la capacité intellectuelle du jeune et tourne son regard vers les choses inutiles [13] et moins importante pour la réussite de son futur, le tient captif avec des séductions mondaines [14], doublant ainsi la dose d'échec. Qu'en est-il pour sa vie conjugale à venir ?

2- Les séquelles de la relation affective précoce sur la vie conjugale future des jeunes

Nous sommes souvent tentés de ne pas voir plus loin que le bout de notre nez, refusant ainsi de projeter, dans le

[13] Quand nous parlons de « choses inutiles » il s'agit plus précisément de ce qui n'est pas, pour le moment, digne d'intérêt. Nous avons comme exemple physique: les balades, les messages exagérés, des rendez-vous et que sais-je encore ! à ceci s'ajoute le fait d'être hanté par l'autre.

[14] Ces séductions sont entre autre les atouts technologiques (téléphones, tablettes, ordinateurs), la cacophonie vestimentaire (collant transparent, matelot, tricot souélein ...)

souci de voir plus loin. La relation affective précoce détruit à court, à moyen et à long terme ; et dans le cas précis de la vie conjugale du jeune, il s'agit d'une séquelle à long terme. Nous voulons savoir quelles sont ces séquelles ? Mieux, comment retracer les signes de la relation affective précoce dans la vie conjugale future ? Que peuvent-ils générer ?

Comme nous l'avons précisé à l'introduction, la relation affective va toujours de paire avec le sexe. N'oublions pas que certaines femmes sont de nos jours très respectées dans leur vie de couple, simplement parce qu'elles y sont arrivées avec toute leur intégrité corporelle, avec leur pureté ontologique ; autrement dit, avec leur virginité corporelle. Puisque nos jeunes se lancent dans le mariage étant déjà corporellement pressées à suffisance, ce fait entraîne inévitablement une diminution dans la considération à elles réservées.

Dans certains cas, la fille va en mariage avec déjà un enfant issu de la relation affective vécu précocement autrefois. À ce niveau-là conséquent est rapidement perceptible dans la mesure où pour son époux, l'enfant agit en lieu et place de son père, rappel à chaque fois la vie passée de la femme. Dans cet état des choses, l'époux, s'il n'est pas psychologiquement averti, va toujours être aigri[15], et cet état pourra l'emmener peu à peu à perdre la joie du couple puisque en voulant satisfaire sa femme avec son peu de finance, sa femme à son tour va chercher à satisfaire aussi le fils et ce très souvent à l'insu du fournisseur époux. La fille étant alors troublée parce que déjà lié au père de son premier enfant par l'enfant, et encore nouvellement mariée, elle va connaitre naturellement des instabilités psychiques qui vont certainement impactées sur ses

[15] Se dit d'une personne que les mauvaises expériences l'ont rendu amère. Une personne que sa vie ne transmet plus la joie

responsabilités conjugales en tant que mère de la famille.

Ce que nous disons c'est que le jeune qui a déjà vécu une relation affective et qui se mari par après, a toujours des moments où il est totalement absorbé par certains mouvements ou événements heureux ou malheureux qui se sont déroulés autrefois dans sa ou ses relation(s) passée (s). Ce qui peut vouer à l'échec sa vraie vie conjugale. Cet échec s'explique simplement par le fait qu'elle n'est pas mentalement, affectueusement et sentimentalement stable.

3- La relation affective comme liberticide

D'emblée, est liberticide ce qui tend à détruire la liberté. L'Homme en générale et le jeune en particulier à besoin d'une bonne dose de liberté qui lui rend l'existence aisée. « *Il n'y a pas d'individu, pas d'homme humain,* dit Jacques Ellul, *s'il n'y a pas une marge de liberté où le Moi se constitue* »[16]. Pour dire que la liberté est la condition siné qua non de l'épanouissement de l'individu ou du Moi, puisqu'elle agrémente la vie. Alors, au moment où il faut que le jeune mette son géni intellectuel au service de ses études, de la préparation d'un avenir radieux, il se laisse plutôt phagocyter par la relation affective, mettant ainsi sa liberté en péril. Cette liberté qui devait lui permettre de se focaliser sur l'essentiel qui n'est rien d'autre que l'écoute des parents et ses études.

La relation affective étant pétrie d'exigence, commande une attention aussi particulière sans laquelle la relation elle-même serait menacée. Puisqu'il faut

---

[16] Jacques Ellul, *le bluff technologique*, cité par Joseph Teguezem in « Individu et société : odyssée de l'individualisme postmoderne et imposition d'une nouvelle communauté éthico-politique » P. 9

entretenir la relation en y étant attentionnée. Elle est liberticide en ce sens que le jeune y met tout son attention possible et ce faisant, cette attention exagérée surplomb inévitablement sa permanence en famille et à l'école. Cette absorption par la relation affective rend aussi le jeune suffisant puisqu'il croit que nul ne peut lui dire quoi que ce soit de nouveau, même pas ses parents. Il perd les valeurs de bien séance, de courtoisie et de convivialité ; et à ce moment, il est plus facile pour lui de suivre les comportements rétrogrades que ses camarades égarés lui présentent.

Nous le voyons, la relation affective laisse toujours sur son chemin des traces négatives pouvant affecter profondément le jeune, le désorienter, voir même le détruire. Alors, nous voulons à présent savoir : quelles sont les moyens de s'affranchir de ce promoteur par excellence de l'insuccès ? Mieux, comment tourner le regard de ce jeune qui, autrefois fonçait tout droit au mur, vers la compréhension et la contemplation d'un avenir brillant qui reflète bonheur et satisfaction. ?

III

L'éthique de la relation affective en 3 Points

La relation affective en soi n'est nullement pas un problème, c'est quand elle est précoce et mal entretenue qu'elle constitue le pire cauchemar. D'ailleurs, ne dit-on pas très souvent qu'il y'a un temps pour chaque chose ? Pourquoi alors se précipiter et se gaspiller quand on sait que le temps arrivera ? Nous allons donc, dans l'optique de freiner le massacre orchestré par la relation affective, proposer quelques voies de sorties de cette menace rampante. Rappelons que les solutions que nous allons proposer ne sont pas immuables[17]. Elles sont organisées en trois (3) points ; d'abord la crainte de Dieu, en suite le renforcement de l'éducation familiale et le rattachement de l'enfant à un projet, et enfin, l'inculcation d'un « récipient-mesure » et la passion des valeurs supérieures.

[17] À l'abri du changement.

1- La crainte de Dieu : panacée contre la relation affective.

Dieu est l'être suprême, surnaturel, celui qui est l'objet d'un grand enthousiasme, d'une vénération profonde, d'une vive reconnaissance et d'un extrême attachement. Cet attachement à Dieu commande une exécution sincère de sa volonté, pour maintenir la position filiale que nous occupons. Il est aussi un père, et n'importe qui aimerait faire la volonté de son père de peur d'être rejeter par lui. Le jeune qui à la crainte de Dieu doit, par le biais de la foi comprendre que la relation affective ouvre la porte à un péché : la fornication[18] . Dieu a fait l'homme et la femme pour s'aimer certes, mais aller jusqu'au sexe ce n'est que dans le cadre du mariage, alors, toute tentative de relation sexuelle avant le mariage est une

[18] Relation sexuelle entre deux personnes qui ne sont pas officiellement mariées.

fornication et est en même temps le gaspillage d'un corps précieux, temple de l'esprit saint.

Nous comprenons que la relation affective cache en arrière-plan un péché. Et le péché nous éloigne de Dieu, et son salaire c'est la mort. Ainsi, Il va sans dire qu'il y'a lieu de nous préserver et rester en bon terme avec notre créateur, au lieu de sombrer dans les plaisirs éphémères. Si nous y tenons fermement, lui, Dieu, nous donnera la force nécessaire pour braver les huées de nos confrères qui nous traitera de tous les noms d'oiseaux. Voici précisément en quoi la crainte de Dieu apparait comme une panacée contre la relation affective. Cette recette est universelle et universalisable si nous reconnaissons que nous sommes tous enfants de Dieu et que nous devons au nom de cette appartenance filiale faire sa volonté.

La crainte de Dieu doit être renforcée pour plus d'efficacité par un grand travail fait en amont par les parents qui sont comme un guide pour le jeune. Alors que doivent-ils faire pour épargner l'enfant des griffes de la relation affective ?

2- Le renforcement de l'éducation familiale et l'attachement de l'enfant à un projet.

Nous avons vu plus haut que le cadre familiale était en partie responsable de l'égarement du jeune dans la relation affective en ce sens que les parents sevraient l'enfant de l'affection, de l'amour, de l'argent et de leurs conseils au moment où les enfants avaient le plus besoin. Ceci étant, ces derniers nc se sentant plus aimés, se jettent à la recherche d'un amour extérieur au cadre familiale, et très souvent trouvent refuge dans une relation affective, ce qui ne va pas sans conséquences.

Nous disons en même temps qu'au lieu d'être un enfer ou un lieu d'insatisfaction pour le jeune, la famille doit plutôt être un milieu d'épanouissement pour celui-ci. Les parents doivent créer des moments de causeries profondes avec les enfants, nouer des amitiés avec eux, dans le but de les écouter et de redresser certaines idées. Imaginons un instant, la jeune fille qui croit avoir sa mère pour confidente, apprend par un(e) autre qu'elle doit à un moment donné voir du sang sur ses parties intimes, ou alors elle découvre elle-même ! Elle va naturellement se sentir déçue et créer directement la distance. C'est grave !!!

L'enfant est une histoire que nous écrivons en tant que parent, et en même un prolongement de nous, nous avons l'obligation de son éducation. Au point ou toute démission pourrait s'avérer suicidaire pour l'avenir de l'enfant. Pour éviter que l'enfant ne se déroute, il faut dès les bas âges attacher l'enfant à un projet ; c'est-à-dire tourner le regard de l'enfant vers un métier que les parents trouvent d'actualité ou qu'ils ont décelé à partir des prédispositions de l'enfant et l'emmener à aimer ce métier. Ceci va permettre qu'à chaque fois que l'enfant veux s'égarer, que vous ayez un motif solide pour le ramener à l'ordre.

Renforcer l'éducation familiale n'est rien d'autre que cheminer avec l'enfant dans tous les aspects de sa vie, en tant que parent en sachant qu'on n'est pas parfait ; d'où la nécessité de demander « *pardon*[19] » à l'enfant quand on a bêtisé. Le pardon et le merci d'un parent à l'endroit de l'enfant, mettent ce dernier en confiance, et il ne pourra pas facilement céder à un quelconque discours flatteur venant de l'extérieure ;

---

[19] C'est une action réparatrice des tors qui, dans sa conception est facile à discourir, mais très souvent difficile dans son application ou dans sa matérialisation. Pourtant bien conçu et bien appliqué, il agrémente la vie et se s'établie aussi comme un tremplin pour la cohésion familiale et sociale.

puisqu'il sait désormais que ses parents l'aiment et ont confiance en lui.

L'enfant à son tour devenant de plus en plus majeur doit aussi s'inculquer un *récipient-mesure* [20] pour savoir séparer précisément le vrai semblable du vrai, ce qui est utile de ce qui est agréable, ce qui est passager de ce qui est éternelle. En faisant ainsi il accède véritablement à la maturité des parents, s'émancipant ipso facto de leur tutorat.

3- L'inculcation d'un « récipient-mesure » et la passion des valeurs supérieures.

Nous voulons montrer ici que le jeune lui-même à un rôle déterminant et fondamental à jouer dans le processus

[20] C'est la mesure de la mesure qui aide à tailler à la dimension normale tout ce qui semble se déverser exagérément, il peut être valable dans tous les domaines qui meublent notre pérégrination terrestre.

de lutte contre les assauts de la relation affective. Puisque très souvent, il faut le dire, nos jeunes sont quelques fois très engagés dans la relation affective parce qu'ils aiment les excès, le *trop-plein* [21] de tout, l'exagération. Raison pour laquelle nous prescrivons une tempérance[22], une sobriété dans toutes les entreprises et surtout celles en rapport direct avec les sentiments. Ce récipient-mesure permettra de discipliner les envies, les désirs et les passions et les surplomber par la raison qui doit en temps normale être notre boussole puisqu'elle est en même temps législatrice des valeurs supérieures comme le Bien, la Justice, le Vrai, le Beau, la Tempérance auxquelles le jeune devrait aspirer, contempler pour finalement inculquer dans le management et la réussite de sa vie.

---

[21] Ce qui excède la capacité d'un vase, ce qui déborde, qui ne peut plus être contenu.

[22] Vertu qui modère les passions et es désirs

Ne courons pas le risque de jeter l'eau du bain avec le bébé, si tant est qu'il faut qu'un jeune d'aujourd'hui soit un futur marié, comment es ce possible d'arriver au mariage sans passer par la relation affective ? À cette question, nous disons qu'il est possible de mener une relation affective simple, au vu et au su des parents, sans sexe et partageant un objectif commun. « *Aimer ce n'est pas se regarder les yeux dans les yeux, mais regarder ensemble dans la même direction* » saint Exupéry avait vu les choses de cette manière et pensait aussi fortement que l'amour bien vécu est le plus meilleur des sentiments. Pour cela il vaut mieux ne pas, en tant que des amoureux, se noyer dans le sexe, ou alors dans les yeux ; juste parce que dans les yeux, se superposes les douleurs du passé, se conjugue le bonheur éphémère et se dévoile l'envie de se donner corporellement. Or, regarder ensemble dans la même direction suppose avoir des projets à long terme, se projeter positivement. Malheureusement peu y parvienne, justement parce qu'elles sont pris au piège par le sexe et bien d'autres choses.

La mesure est aussi valable dans l'utilisation des réseaux sociaux qui nous enveloppent et revêtent le mentaux de l'ambivalence. C'est-à-dire qu'ils portent en eux les germes du bien et du mal. Il nous revient alors de faire preuve de sagesse dans l'utilisation de cet outil qui, à notre ère, s'impose comme une nécessité.

Conclusion

Au demeurant, rappelons que le problème fondamental sur lequel nous sommes partis était celui de l'évaluation de la pertinence de la relation affective dans le domaine académique. Pour résoudre ce problème, nous nous sommes évertués dans un premier temps, à fouiller et exposer au grand jour les éléments qui impulsent la relation affective à savoir : la non domestication des pulsions naturelles, le mimétisme irréfléchi, le laxisme parental et lcs réseaux sociaux. Une étude minutieuse de ces causes nous ont conduis aux conséquences qu'elles génèrent. Lesquelles sont à trois niveaux : d'abord sur le parcours académique du jeune, niveau le plus visible, ensuite sur sa vie conjugale à venir, en enfin sur lui-même en tant que individu morale en quête de liberté. Pour sortir le jeune dans ce bourbier chaotique, nous avons apporté notre modeste contribution en proposant une crainte de Dieu en tant principe suprême d'où émanent toutes choses, le renforcement de l'éducation familiale et l'attachement du jeune à un projet et enfin l'inculcation d'un « récipient-mesure ». Il ressort donc que, la relation affective est un véritable opium en milieu scolaire et gangrène tous les maillons de la chaine scolaire, il revient à chaque jeune de se faire violence et de se laisser mouler dans le moule de vertu qui nous impose la patiente, la sobriété et la tempérance.

BIBLIOGRAPHIE SIMPLIFIEE

DICTIONNAIRES UTILISES

- Dictionnaire Larousse
- Dictionnaire électronique

OUVRAGES UTILSES

- Platon, *la République*, édition numérique par J P MURCIA, Paris, 2006
- Jacques Ellul, *le bluff technologique*, Paris, Hachette, 1988
- Hobbes Thomas, *Léviathan*, Londres, 1651
- Rousseau Jean Jacques, *Discours sur l'origine des inégalités parmi les hommes,*
- SIGMUND Freud, *Le Moi et le ça,* viennes, 1923
- Jacques Lacan, *l'histoire de la psychanalyse*, « le retour à Freud », Paris, 1950

WEBOGRAPHIE

➢ https://fr.m.wikipedia.org/Antoine_de_Saint-exupéry

➢ https://fr.m.wikipedia.org/sigmund_freud

ARTICLES CONSULTE

➢ Joseph Teguezem, « *Individu et société : odyssée de l'individualisme postmoderne et imposition d'une nouvelle communauté éthico-politique* »

www.ingramcontent.com/pod-product-compliance
Ingram Content Group UK Ltd.
Pitfield, Milton Keynes, MK11 3LW, UK
UKHW021644190726
13853UKWH00001B/46